Les jeunes étoiles

Les jeunes étoiles DU CAMPING

COLLECTION CRABTREE « LES JEUNES PLANTES »

Taylor Farley

CRABTREE
PUBLISHING COMPANY
WWW.CRABTREEBOOKS.COM

Nous sommes au
terrain de camping!

Montons notre tente.

Nous pouvons **explorer**.

Nous pouvons pêcher dans le lac.

Faisons un **feu de camp**.

Nous pouvons faire **griller** des hot-dogs.

Nous pouvons faire griller des **guimauves**.

La nuit est arrivée.

Essayons de trouver la **Grande Ourse**!

C’est le temps d’aller
se coucher.
Allons dans notre tente.

Glossaire

explorer (ex-plo-ré) : Quand nous explorons, nous parcourons les environs pour découvrir l'endroit où nous sommes.

feu de camp (feu de can) : Un feu de camp est un feu préparé par les campeurs. Les feux de camp gardent les campeurs au chaud et servent aussi à faire la cuisine.

Grande Ourse (grand our-se) : La Grande Ourse est un groupe de plusieurs étoiles dont sept étoiles très brillantes. Ces étoiles dessinent une grande casserole.

griller (gri-yé) : Quand tu fais griller quelque chose, tu la fais cuire dans un four ou sur un feu très chaud.

guimauves (gui-mov) : Les guimauves sont des bonbons ronds et moelleux.

terrain de camping (ter-in de can-pign) : Un terrain de camping est un emplacement où les gens montent leur tente et y font leur campement.

Index

Soutien de l'école à la maison pour les gardien(ne)s et les enseignant(e)s.

Ce livre aide les enfants à se développer grâce à la pratique de la lecture. Voici quelques exemples de questions pour aider le(a) lecteur(-trice) à développer ses capacités de compréhension. Des suggestions de réponses sont indiquées.

Avant la lecture

- **Quel est le sujet de ce livre?** Je pense que ce livre parle du camping. Il pourrait nous renseigner sur les activités que les enfants font en camping. Sur la couverture, nous voyons des enfants en train de faire rôtir des guimauves!
- **Qu'est-ce que je veux savoir sur ce sujet?** Je veux savoir ce que les gens doivent apporter avec eux quand ils vont camper.

Durant la lecture

- **Je me demande pourquoi...** Je me demande pourquoi la nuit le ciel est brillant et bleu.
- **Qu'est-ce que j'ai appris jusqu'à présent?** Les images et les mots m'ont appris que les gens doivent apporter des tentes, des sacs de couchage, des lampes de poche et de la nourriture.

Après la lecture

- **Nomme quelques détails que tu as retenus.** J'ai appris que les gens font plusieurs activités en camping. Ils explorent et pêchent. Ils font rôtir des hot-dogs et des guimauves. Ils regardent les étoiles.
- **Écris les mots peu familiers et pose des questions pour mieux comprendre leur signification.** Je vois le mot *terrain de camping* à la page 2 et le mot *griller* à la page 12. Les autres mots de vocabulaire se trouvent aux pages 22 et 23.

Crabtree Publishing Company
www.crabtreebooks.com 1–800–387–7650

Version imprimée du livre produite conjointement avec Blue Door Education en 2021.

Crédits photos Photo couverture © Sergey Novikov, illustration couverture © Vlad Klok; p. 2-3 © Hills Outdoors; p. 4-5 © LightField Studios; p. 6 © Monkey Business Images; p. 8 © AlohaHawaii; p. 11 © Soloviova Liudmyla; p. 13 et 14 © Hurst Photo; p. 17 © galsand; p. 19 © RonTech3000; p. 21 © natalia_maroz; p. 22 guimauve © Tatyana Vyc; p 22 Grande Ourse © Natali Zakharova. Toutes les images de Shutterstock.com

Imprimé au Canada/042021/CPC

Auteur : Taylor Farley
Coordinatrice à la production et technicienne au prepress : Samara Parent
Coordinatrice à l'impression : Katherine Berti
Traduction : Claire Savard

Publié au Canada par Crabtree Publishing
616 Welland Ave.
St. Catharines, ON
L2M 5V6

Publié aux États-Unis par Crabtree Publishing
347 Fifth Ave
Suite 1402-145
New York, NY 10016

Catalogage avant publication de Bibliothèque et Archives Canada

Disponible à Bibliothèque et Archives Canada